Max et

Gilles Tibo

Illustrations : Benoît Laverdière

Ce livre appartient à

_____

DIVISION·SCOLAIRE
FRANCO-MANITOBAINE

**Ce livre vous est offert
gracieuseté de la DSFM**

Données de catalogage avant publication (Canada)

Tibo, Gilles, 1951-

  Max et Tom

  (Rat de bibliothèque. Série rouge ; 3)
  Pour enfants de 6 ans.

  ISBN 978-2-7613-1326-1

  I. Laverdière, Benoît. II. Titre. III. Collection : Rat de bibliothèque (Saint-Laurent, Québec). Série rouge ; 3.

PS8589.I26M39 2002   jC843'.54   C2002-940109-7
PS9589.I26M39 2002
PZ23.T52Ma 2002

Dépôt légal : 2ᵉ trimestre 2002
Bibliothèque nationale du Québec
Bibliothèque nationale du Canada

IMPRIMÉ AU CANADA   15 16   EMP   19
                                                     10496   ABCD   CM16

Je m'appelle Max.
Je suis un berger anglais.

J'habite une petite maison.
Dans ma maison, il y a un papa,
une maman et mon ami Tom.

Quand Tom revient de l'école,
je joue avec lui.
Je le fais rire aux éclats.

Ensuite, j'attire Tom dans sa chambre.
Je me couche près de son bureau.
Je l'encourage à faire ses devoirs.

Quand Tom a fini ses devoirs,
je l'accompagne au parc.

Je demande à Tom de me lancer la ball

Je cours chercher la balle.

J'arrête le jeu quand Tom est fatigué.

Puis, je joue à cache-cache avec Tom.
Je le trouve toujours grâce à mon flair.
Souvent, je lui laisse des chances.

Au parc, Tom rencontre des amis.
Je surveille toujours Tom
du coin de l'oeil.

Au retour du parc,
je me couche près de mon ami.
Nous regardons la télévision.

Si le film est triste,
je lèche les larmes
sur les joues de Tom.

Si le film me fait peur,
je cache mon museau
dans le chandail de Tom.

À l'heure du souper,
je mange près de Tom.
Je l'encourage à manger son brocoli.

Pendant la soirée,
je me couche près de Tom.
Il me lit des histoires.

Quand Tom dort, je monte la garde.
Personne ne dérangera le sommeil
de mon meilleur ami...